# RECUEIL
## DE GRAVURES,

Représentant les Bas-Reliefs qui ornent l'Arc de Triomphe de la Place du Carrouzel.

Se trouve à Paris, rue Jean-Lautier, N.º 2.

1809. (Prix, 15 sous.)   Déposé à la Bibliothèque Impériale.

8° Z. Le Senne
S370

# RECUEIL
## DE GRAVURES,
Représentant les Bas-Reliefs qui ornent l'Arc de Triomphe de la Place du Carrrousel.

Ce superbe Edifice, qui ne laisse rien à desirer pour la richesse, l'élégance et la beauté, a de hauteur quarante-cinq pieds; sa largeur est de soixante, et son épaisseur est de vingt pieds et demi. Il est élevé à la gloire de la Grande-Armée.

Les Arcs de Septime Sévere et de Constantin semblent avoir servi de modèle à ce monument; comme eux, il se compose de trois arcades dans sa largeur, mais il a de plus une arcade transversale qui coupe les trois autres en croix, et qui est à-peu-près dans l'alignement du guichet Marigny et de la rue de l'Echelle.

La baie de la porte du milieu a 14 pieds, celle des autres est de 8 pieds et demi environ. Toute la masse de la construction est en pierre de liais, d'un grain très-beau, appareillée avec le plus grand soin. Huit colonnes de marbre rouge du Languedoc ornent les deux faces principales, et soutiennent un entablement en ressaut, dont la frise est en griote d'Italie, et sur lequel sont placées autant de statues.

Ces colonnes sont d'ordre corinthien, avec embasses et pitaux de bronze. Au-dessus est un attique surmonté d'un double socle que couronne un quatrige. Telle est à-peu-près la disposition du plan. Passons à la description des ornemens.

Les voûtes en arrête des portes latérales sont décorées de foudres, de branches de lauriers, de palmes, et du monograme de l'Empereur. Dans la voûte de la porte du milieu, qui est ornée de caissons, on a placé au centre un Bas-Relief qu'on voit horizontalement, et qui représente S. M. en habits impériaux, couronnée par une Victoire.

Ce morceau de sculpture est de M. Lesueur, et les figures des Fleuves qui occupent les tympans des archivoltes sont de M. Boichot. Tous les ornemens sont de

MM. Gorgery et Besnier, à l'exception des trophées d'armes placés dans les archivoltes des petites portes à l'extérieur, dont M. Montpellier est l'auteur.

MM. Taunay et Dupasquier ont sculpté les quatre Renommées de la porte du milieu ; le premier, celles qui sont du côté des Tuileries ; le second, celles du côté du Louvre.

Au-dessus des petites arcades sont placés des bas-reliefs de marbre blanc, dont les sujets offrent autant d'actions de la campagne de 1805. Des inscriptions françaises, mises au-dessous, servent à les faire connaître ; elles sont en lettres d'or sur un fond de griote d'Italie.

DESCRIPTION des Bas-Reliefs dans l'Ordre qui suit, commençant par celui à gauche du Spectateur, entrant par le Carrouzel ; savoir :

CAPITULATION DEVANT ULM.
*( En suivant à droite. )*

VICTOIRE D'AUSTERLITZ.
*( En tournant toujours à droite. )*

ENTRÉE A VIENNE.
*( A la suite du côté des Tuileries. )*

ENTRÉE A MUNICH.
*( Plus loin, du même côté. )*

ENTREVUE DES DEUX EMPEREURS.
*( En tournant à droite. )*

PAIX DE PRESBOURG.

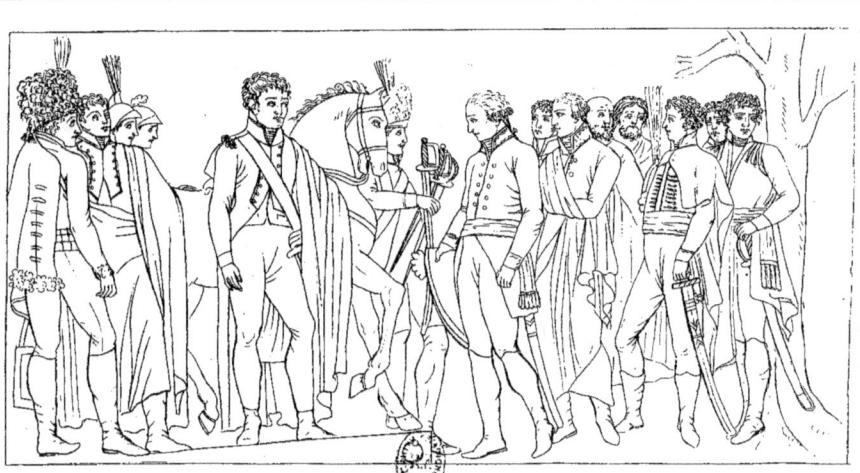

CAPITULATION DEVANT ULM.

## CAPITULATION DEVANT ULM,
### Par M. CARTELIER.

Ce Bas-Relief représente le Général Mack, présenté à S. M. l'Empereur des Français, immédiatement après la Capitulation de cette ville, le 17 octobre 1805.

Deux jours après cette Capitulation, S. M. l'Empereur accorda une audience au Général Mack, après laquelle il a été signé une addition à la Capitulation, qui stipule que la place sera évacuée le lendemain 20. On y a trouvé 27,000 hommes, 3000 chevaux, 18 généraux et 60 pièces de canons attelées.

Une telle Victoire est bien digne d'être trasnmise à la Postérité.

Au-dessus du Fronton de ce Bas-Relief, sont placées deux statues; celle à gauche représente un Cuirassier, par M. Launay; celle à droite représente un Dragon, par feu M. Corbet.

## VICTOIRE D'AUSTERLITZ,
### Par M. ESPERCIAUX.

Le Général Rap, Aide-de-Camp de S. M. l'Empereur des Français, lui présente le Général Repnin, qui remet son Epée, et d'autres Prisonniers faits à cette Bataille. Le Général Bernadotte est à la gauche de S. M. l'Empereur.

Des Troupes ennemies, épouvantées par l'Artillerie nombreuse et formidable des Français, s'étaient réfugiées sur la glace; vingt mille d'entr'elles sont engloutis; trente mille sont faits prisonniers. Artillerie, Drapeaux, Étendards, Chevaux, Bagages, sont au pouvoir des Français. C'est une des Actions les plus mémorables, dont on avait jusqu'alors un terrible exemple; aussi est-il regardé capable de décorer ce Monument. Les deux Militaires représentés au-dessus, sont un Chasseur à cheval, de M. Faucou; le second, un Carabinier de cavalerie, par M. Chinard.

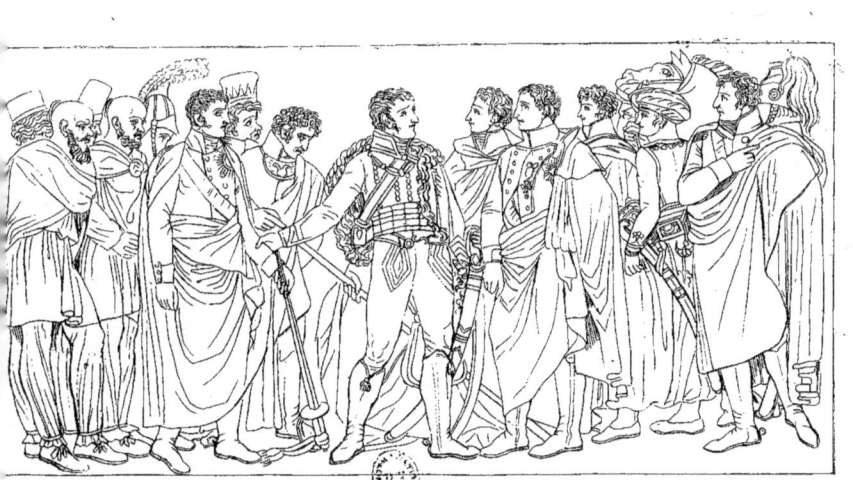
VICTOIRE D'AUSTERLITZ.

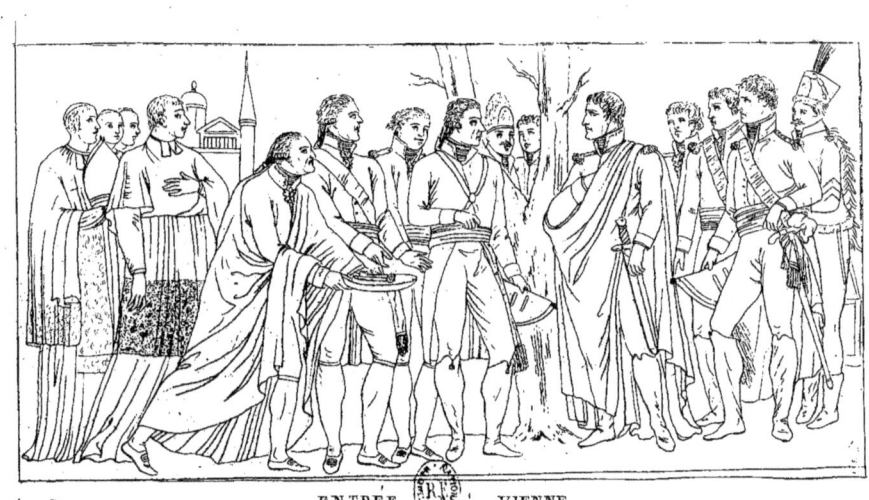
ENTREE VIENNE.

# ENTRÉE DANS VIENNE,
## *Par M. DESEINNE.*

L'on voit sur ce Bas-Relief le Clergé, la Noblesse, et le Corps Municipal de la ville, arriver en Députation à S. M. l'Empereur des Français, et lui présenter les Clefs de la Place, comme un témoignage de respect et de soumission au Vainqueur. Le Prince Murat est à la gauche de S. M. l'Empereur.

Cette expédition date du 22 Novembre 1805. On trouva dans cette ville plus de deux mille Pièces de Canons; une Salle d'Armes garnie de cent mille Fusils; des Munitions de toute espèce; enfin, de quoi former l'Equipage de campagne de trois ou quatre années.

# ENTRÉE A MUNICH,
## Par M. CLODION.

Le sujet que représente ce superbe morceau, est le Roi de Bavière, que l'Empereur des Français reconduit dans sa Capitale. Une foule de Peuple, dans l'attitude du respect et de la reconnaissance, arrive au-devant des deux Souverains. De l'autre côté, l'on voit la suite des Monarques jouissant à-la-fois de la double satisfaction de voir leur intimité, et l'accueil que les Princes paraissent témoigner au Peuple.

Les Statues placées au-dessus représentent un Grenadier, par M. Dardel, et un Carabinier de ligne, par M. Moutoni.

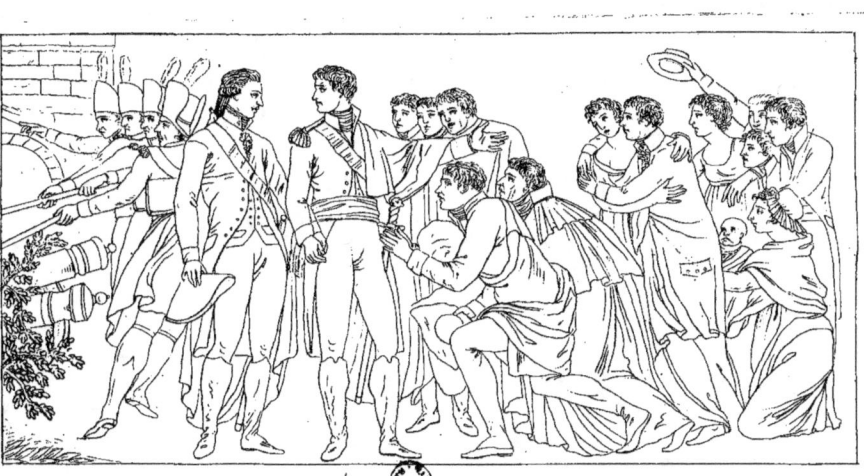

ENTRÉE A MUNICH.

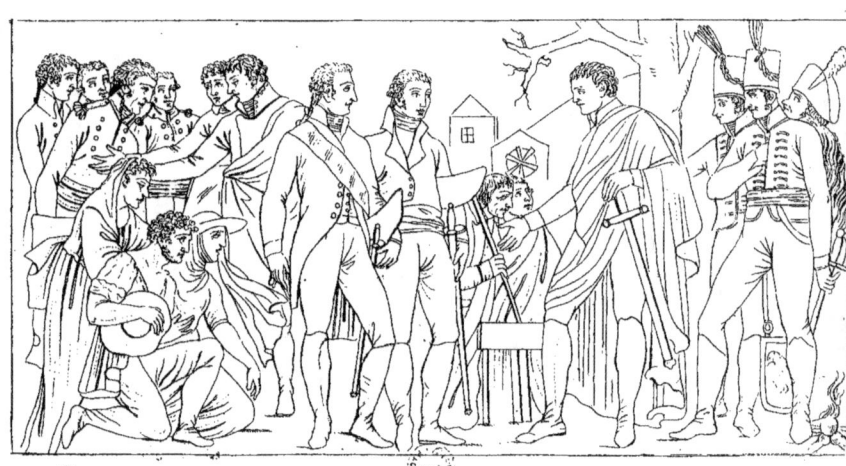

ENTREVUE DES DEUX EMPEREURS.

# ENTREVUE DES DEUX EMPEREURS,

## Par M. RAMEY.

Ce Sujet représente l'Empereur d'Autriche, se présentant au Bivouac de l'Empereur des Français, pour lui faire des propositions de paix et lui demander un armistice. Le Vainqueur l'accorda, et l'on se soumet aux conditions imposées par lui.

C'est dans la conversation que ces deux Monarques eurent ensemble, que l'on remarque l'Empereur Napoléon disant à l'Empereur d'Autriche : « Je vous reçois dans » le seul palais que j'habite depuis deux mois. » François II lui répondit : « Vous tirez » si bon parti de cette habitation, qu'elle doit vous plaire. »

Les Statues qui sont au-dessus représentent un Canonnier, exécuté par M. Bridan; et un Sapeur, par M. Dumont.

## PAIX DE PRESBOURG,
### *Par M. LESUEUR.*

Ce Bas-Relief est le seul des six qui soit traité allégoriquement. Au moment où l'histoire écrit, près la ville de Presbourg, la campagne de 1805, la Victoire trace, avec la pointe de son épée, le mot *Paix*. Au-dessus de leurs têtes paraît dans le Ciel le Signe zodiacal du mois de la date du Traité : il a rapport au 25 Décembre 1805. Au milieu, paraît la ville de Presbourg sous la figure d'une Femme, portant une Couronne murale, et appuyant le bras droit sur un Ecusson qui marque le mot *Presbourg*. A sa droite est une Renommée qui répand des Couronnes sur des Militaires chargés de Faisceaux d'Armes. Au-dessus est un Aigle tenant l'Epée de l'Empereur Napoléon. On distingue, sur le devant, différens Attributs de Guerre, un Mortier, une Giberne, des Bombes et des Boulets.

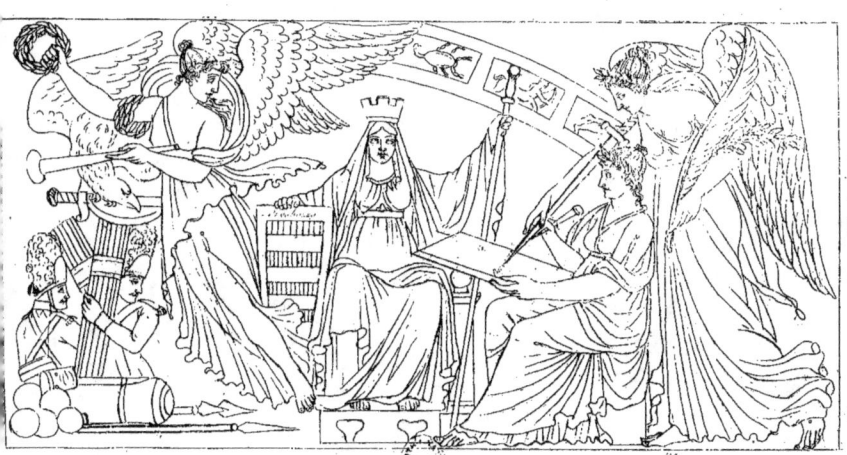

PAIX DE PRESBOURG.

Au-dessus de ces Bas-Reliefs est une espèce de frise composée d'enfans portant des guirlandes de lauriers, et plus haut encore dans l'attique, on a sculpté de petits Bas-Reliefs, où des figures allégoriques sont représentées tenant les armoiries de l'Empire et celles des nations vaincues. Ce sont MM. Gérard, Dumont, Callamar et Fortin qui les ont exécutés.

Le quadrige qui couronne ce monument est de M. Lemot, à l'exception des chevaux qui sont antiques; ce sont ceux qu'on a conquis à Venise, et que l'on connoît vulgairement sous le nom de *chevaux de Corinthe*. Les deux figures de la Victoire et de la Paix qui retiennent les chevaux, le char et la figure qu'on doit y mettre un jour, et que la reconnoissance y place déjà, sont en plomb et dorés d'or mat; au-dessus de la porte du milieu sont deux tables de marbre blanc, sur lesquelles doivent être placées les inscriptions que la troisième classe de l'institut s'occupe maintenant à rédiger.

*N O T A.*

Les Sculptures de la grande Voûte et des Voûtes d'arêtré sont de M. Thelen; le Modèle des Chapiteaux est de MM. Besnier et Georgery, ainsi que tous les Ornemens de l'Attique de l'Entablement; enfin, de tout ce qui orne les Moulûres.

La Fonte des Chapiteaux en bronze et cizelure, est de M. Delafontaine.

---

De l'Imprimerie de Mad. DION, rue Jean-Lantier, N°. 2, en face celle des Orfèvres.

www.ingramcontent.com/pod-product-compliance
Lightning Source LLC
Chambersburg PA
CBHW050038230526
45470CB00003B/1333